핵심단어로 마스터하는
항공&호텔 영어면접

Essential Vocabulary to Master Airline Services & Hotel Interview in English

전시현, 김광수 · 共著

에듀컨텐츠 휴피아
CH Educontents·Huepa

핵심단어로 마스터하는
항공&호텔 영어면접

2020년 12월 20일 초판 1쇄 인쇄
2020년 12월 30일 초판 1쇄 발행

저　　자 | **전시현, 김광수**　共著

발 행 처 | 도서출판 에듀컨텐츠휴피아
발 행 인 | 李 相 烈
등록번호 | 제2017-000042호 (2002년 1월 9일 신고등록)
주　　소 | 서울 광진구 자양로 28길 98, 동양빌딩
전　　화 | (02) 443-6366
팩　　스 | (02) 443-6376
e-mail | iknowledge@naver.com
web | http://cafe.naver.com/eduhuepia
만든사람들 | 기획・김수아 / 책임편집・이진훈 황혜영 이지원 박나영
디자인・유충현 / 영업・이순우

I S B N | 978-89-6356-287-2 (93320)
정　가 | 14,000원

ⓒ 2020, 전시현, 김광수, 도서출판 에듀컨텐츠휴피아

[문헌검색용QR코드]

이 책은 저작권법에 따라 보호받는 저작물이므로 무단전재와 무단복제를 금지하며, 이 책 내용의 전부 또는 일부를 이용하려면 반드시 저작권자 및 도서출판 에듀컨텐츠휴피아의 서면 동의를 받아야 합니다.

머 리 말

2010년 그해 겨울, 런던은 정말 추웠습니다. 친구들은 대부분 귀국하고 저는 현지에서 취직을 해보겠다고 혼자 남았습니다. 낮에는 스타벅스에서 아르바이트를 하고 밤에는 집에서 TV를 틀어놓고 이력서를 쓰곤 하는 날의 연속이었습니다. 그때 BBC에서 방영되었던 'Come Fly with Me'라는 영국의 TV코미디는 별로 웃을 일 없던 제게 단비 같은 존재였습니다. 항공사에서 일어나는 일들을 코믹하게 다룬 시리즈를 보며 비행에 대한 꿈을 키웠습니다. 얼마 뒤, 코미디일 뿐이라고 생각했던 일들과 비슷한 일들이 실제 제 비행에서 일어나고 있었습니다! 역시 인생은 직접 겪어보기 전에는 모르는 것입니다.

승무원이 된 이유는 여행이 좋아서였습니다. 그런데 비행을 하면 할수록 그 매력에 빠져들었고 그 일 자체를 사랑하게 되었습니다. 저는 이 즐거운 일을 더 많은 사람들이 할 수 있었으면 합니다. 인생이 한 번쯤은 '아주 재미있어봐야' 한다고 생각하니까요. 승무원의 생활을 더욱 빛나게 해준 건 바로 호텔이었습니다. 그곳에서 일하는 호텔리어는 마치 이국의 낯선 장소를 세련되지만 따뜻한 매너로 한없이 머무르고 싶게 만드는 마법사 같았습니다. 힘든 비행을 마치고 호텔에 도착했을 때 호텔리어가 밝은 미소와 함께 건넨 'Welcome!' 한마디에 피로가 눈 녹듯 녹았다니까요. 정말입니다.

"핵심단어로 마스터하는 항공&호텔 영어면접"은 항공사와 호텔의 영어면접을 준비하는 학생들을 위해 집필되었습니다. 문장의 이해도를 높이고자 한글번역을 '의역이 아닌 직역'으로 하였습니다. 한글번역 문장이 다소 어색하게 느껴질 수도 있지만 단어 하나하나의 뜻에 집중하여 보시기를 바랍니다. 코로나19로 힘든 시기에도 희망을 잃지 않고 도전하고 있는 우리 학생들에게 '꿈은 반드시 이루어질 것'이라고 얘기하고 싶습니다.

끝으로 생생한 영어면접 조언과 사진을 제공해준 에티하드 항공 동기(지혜, 소라, 인록, 진영), KLM 네덜란드 항공 동기(미성, 태진), 싱가포르 항공 동생(미라) 그리고 저에게 서면을 양보해 주신 공동저자 김광수 교수님께 깊은 감사의 뜻을 전합니다.

2020. 12. 1.

저자 **전 시 현**

Preface

In the winter of 2010, it was extremely cold in London. While most of my friends returned to their homelands, I chose to be left alone to get a job there. My daily routine was that I did a part-time job at Starbucks in the daytime and wrote resumes for job applications during the night with the TV on. A British TV comedy series, *Come Fly with Me*, airing on BBC, came to me as uplifting because there was nothing to make me laugh at that time. As going through the episodes portraying what could happen in airline companies as comical, the desire to be a flight attendant grew and grew in my mind. The funny things happening in the TV series came alive in my real life! No one tells anything about life until it really happens. Right?

I liked traveling, which was the main reason why I pursued a cabin crew career. By the way, as a cabin crew, the more flight service experiences I had, the more I was attracted to the charm of the work. I came to fall in love with the work itself. I wish more people could do the same and enjoyable work because I think that people deserve something full of fun once in a lifetime. It was a hotel stay that shed a brighter light on the life of the flight attendant. The hoteliers were like the magicians who made me wish to stay forever in the foreign place by showing me a sophisticated and warm-hearted manner. I arrived at a hotel after a tough flight and a hotelier greeted me with radiant smiles and words of welcome. Then, fatigue faded away just as snow melts under the warm sun. Believe me, it was true.

This book, *Essential Vocabulary to Master Airline Services & Hotel Interview in English*, is designed as a guide to help students prepare for English job interviews. To improve the intelligibility of the provided English texts in the book, literal translations into Korean are made, not paraphrases. It might seem that the Korean version of the texts is somewhat crude. But it is better to focus on the meaning of each word in the text. Despite the rough time of COVID-19, most of the students try and challenge themselves not losing their hopes. I would like to tell them that dreams come true after all.

I would like to express true thanks to Etihad Airways' former colleagues(Jihye, Sora, Inrock, Jinyeong), KLM Royal Dutch Airlines' former colleagues(Meeseong, TJ), and my sister Mira(Singapore Airlines) for providing me with vivid tips for English interviews and their photographs as well as a co-author and professor Gwangsu for letting me have a chance to write the preface of the book.

Chon, Sihyun
1 December 2020

목 차 Table of Contents

Chapter 1. 영어면접 기본질문   3
  1) 워밍업 질문   4
  2) 자기소개   9
  3) 직업에 관련된 질문   16
  4) 성격 및 배경에 관련된 질문   28
  5) 마지막 질문   39

Chapter 2. 항공승무원 면접   43
  1) 승무원의 자질   44
  2) 승무원 지원동기   47
  3) 승무원 준비 과정   50
  4) 승무원의 장단점   53
  5) 지원하는 항공사에 대한 질문   58
  6) 다양한 상황에 대한 대처   61
  7) 입사 후 포부   80

Chapter 3. 호텔 영어면접   83
  1) 호텔리어의 자질   84
  2) 호텔리어 지원동기   95
  3) 다양한 상황에 대한 대처   110
  4) 입사 후 포부   113

[부록] 선배들이 알려주는 영어 면접법   121
  Appendices - Cabin Crew English Interview Tips

저 자 소 개 (I)

전시현 (Chon, Sihyun)

주요학력
M.A. in Cultural and Creative Industries
King's College, University of London

주요경력
現) 서영대학교 항공관광과 교수
前) 네덜란드 항공 승무원
前) 에티하드 항공 승무원
前) 영국문화원 영어교육 매니저

저 자 소 개 (II)

김광수 (Kim, Gwangsu)

주요학력
M.A. in English Education,
Hankuk University of Foreign Studies

주요경력
現) 서영대학교 유아교육과 교수
前) 서강고등학교 교사

자격
중등학교 정교사(1급) 영어

핵심단어로 마스터하는
항공&호텔 영어면접

Essential Vocabulary to Master Airline Services & Hotel Interview in English

전시현, 김광수 · 共著

에듀컨텐츠·휴피아
CH Educontents·Huepia

Chapter 1. 영어면접 기본질문
Basic Questions

1) 워밍업 질문
Warm-Up Questions

Tip
'스몰 토크(small talk)'라고도 하는 워밍업 질문은 본격적인 면접에 앞서 간단하게 이루어지는 질문과 대답을 말합니다. 면접에서는 첫 인상이 매우 중요하므로 면접자는 이때 최대한 밝고 활발한 이미지를 주어야 합니다.

Q1. How did you come here?
여기에 어떻게 오셨죠?

핵심어휘

take + 교통수단
(교통수단 등을) 타다/이용하다

it takes 시간 to V
V하는데 ~만큼의 시간이 걸리다

be nervous about ~
~에 대해 불안하다

feel the need to V
V할 필요성을 느끼다

scrambled egg
스크램블 에그

be famous for ~
~로 유명하다

A1. I took a bus to come here. It took less time to arrive than I expected.
버스를 타고 왔습니다. 제가 예상했던 것보다 시간이 덜 걸렸습니다.

A2. I took the first flight from Gwangju, so I was able to arrive on time.
광주에서 첫 비행기를 타고 왔습니다. 그래서 정시에 도착할 수 있었습니다.

Your Answer

Q2. Did you have a good sleep last night?
어젯밤에 잘 잤나요?

A1. Yes, I did. I slept well, so I feel great now. Thank you for asking.
네, 어제 잘 자서 지금 컨디션이 아주 좋습니다. 물어봐 주셔서 감사합니다.

A2. I didn't sleep very well because I was a little nervous about today's interview. But now I feel so great.
오늘 인터뷰에 대해 약간 긴장이 되어 잠을 설쳤습니다. 그러나 지금 컨디션은 좋습니다.

Your Answer

Q3. What did you eat for breakfast today?
아침식사로 무엇을 드셨나요?

A1. Usually, I don't eat breakfast. But this morning I felt the need to eat something to gain energy for today's interview. So I had cereal and milk for breakfast.

주로 저는 아침식사를 하지 않습니다. 그러나 아침에 오늘 인터뷰에서 힘을 얻고자 뭐라도 먹어야겠다고 느꼈습니다. 그래서 아침식사로 시리얼과 우유를 먹었습니다.

A2. I had a good breakfast of scrambled eggs, rice, beef stew and coffee.

저는 스크램블 에그, 쌀밥, 소고기 스튜 그리고 커피로 구성된 든든한 아침을 먹었습니다.

Your Answer

Q4. Where do you live now?
어디에 사시나요?

A1. I live in Mapo-gu, Seoul, with my family. We have lived in Seoul since I was the first year student of the elementary school.

저는 서울 마포구에서 가족과 함께 살고 있습니다. 초등학교 1학년 때부터 서울에서 살았습니다.

A2. I live in Jeonju. It is famous for bibimbap, which is the Korea's traditional food loved by people around the world.

저는 전주에 살고 있습니다. 전 세계 사람들에게 사랑받는 전통적인 음식인, 비빔밥으로 유명한 곳입니다.

Your Answer

2) 자기소개
Self-Introduction

Tip
면접자는 자기소개를 통해서 짧은 시간 안에 자신의 장점과 직무 적합성을 어필해야 합니다. 분량은 1분 내로 준비하도록 합니다. 자연스럽게 대답할 수 있도록 많은 연습이 필요한 부분입니다.

Q1. Please tell me about yourself.
본인 소개를 해주세요.

핵심어휘

with a major in X
X를 전공으로 한

dedicated
전념하는, 헌신하는

unfailing
한결 같은, 변함없는

representative
대표

responsible
책임 있는

carry out
수행하다

cosmetic store
화장품 가게

inspiration
열망

A1. I am a(n) ** University student with a major in Airline Services and Tourism. I am graduating in February 20**. I would like to describe myself as a responsible and dedicated person.

저는 항공관광을 전공하는 ** 대학교 학생입니다. 저는 20**년 2월에 졸업 예정입니다. 저는 제 자신을 책임감 있고 헌신적인 사람이라고 묘사하고 싶습니다.

I was one of the club members who represent the university and publicize its latest news and events. I successfully carried out my own roles and responsibilities. For example, as a student representative of the university, I dedicated myself to focusing on my work for the success of the event 'Sky Festival' by offering the visitors unfailing and satisfactory services.

저는 대학을 대표하고 대학의 최신 소식과 행사를 홍보하는 동아리 회원 중 한 명이었습니다. 저는 저의 역할과 책임을 성공적으로 수행했습니다. 예를 들어 대학의 학생 대표로서, 저는 'Sky Festival'이라는 행사의 성공을 위해 방문객들에게 한결같고 만족스러운 서비스를 제공하며 저의 일에 집중하는 데 전념했습니다.

In spite of such busy schedule, I was a good student. I never missed any classes. I studied really hard. Also, I can say for sure that I wasn't late for work at all. My unfailing dedication and responsibility must benefit ** Airlines. I cannot wait to demonstrate my qualities and inspiration in ** Airlines. I will become a dedicated and responsible cabin crew thinking of passengers first.

이러한 바쁜 스케줄에도 불구하고 저는 성실한 학생이었습니다. 저는 어떤 수업에도 결석해 본 적이 없습니다. 공부도 열심히 했습니다. 또한 제가 확실히 말씀 드릴 수 있는 것은 회사에 전혀 지각해 본 적이 없습니다. 저의 한결같은 헌신과 책임감은 ** 항공에 틀림없이 도움이 될 것입니다. 저는 꼭 ** 항공에서 저의 자질과 열정을 선보이고 싶습니다. 승객을 먼저 생각하는 헌신적이고 책임감 있는 승무원이 되겠습니다.

Your Answer

핵심어휘

flight attendant
승무원

international
국제적인

flexible
융통성 있는

adaptable
적응할 수 있는

sociable
사교적인

outgoing
외향적인

a life-of-the-party person
분위기 메이커

attend ~
~ 참석하다

A2. How are you? I am ***. I am making a lot of effort to learn languages and cultures with an open mind towards different cultures in order to become an international flight attendant.

안녕하십니까. ***이라고 합니다. 저는 국제적인 승무원이 되기 위해 다른 문화에 열린 마음을 가지고 언어와 문화를 배우기 위해 많은 노력을 하고 있습니다.

* 해외경험이 있는 경우

I had an opportunity to attend American Language and Culture Program in US for three months. Through this program, I became more confident in speaking in English and had a deeper understanding of American history and culture.

저는 3개월간 미국에서 'American Language and Culture Program'에 참석하는 기회를 가졌습니다. 이 프로그램을 통해서 저는 영어로 말하는데 더욱 자신감을 가지게 되었고 미국의 역사와 문화에 대해 더욱 깊게 이해하게 됐습니다.

* 해외경험이 없을 경우

I have never been abroad before. But, when I made up my mind to become a flight attendant, I started learning and practicing English. At the same time, I was attracted to the cultures of English speaking countries. So I became a huge fan of TV soap operas in British and American English. Aside from English, I began learning Chinese to be an international flight attendant. If I am given a chance to be abroad, I will use my language skills.

저는 아직 해외에 나가본 적은 없습니다. 그러나 승무원이 되기로 결심했을 때, 영어를 학습하고 연습하기 시작했습니다. 동시에 영어권 국가의 문화에도 많은 관심을 가지게 되었습니다. 그래서 지금은 영미드라마의 엄청난 팬이 됐습니다. 영어 외에도 저는 국제적인 승무원이 되고 싶기 때문에 중국어 공부를 시작했습니다. 해외에 나갈 기회가 주어진다면 저의 언어실력을 활용해 보고 싶습니다.

I am flexible, adaptable, sociable, and outgoing. I really enjoy learning more about new cultures and people. I am looking forward to building friendships with people from different cultures. As a flight attendant of ** Airlines, I would like to be a life-of-the-party person for customers and colleagues.

저는 융통성 있고, 적응을 잘하며, 사회적이고 외향적인 사람입니다. 저는 늘 새로운 문화와 사람들에 대해 더 많이 배우는 것을 즐깁니다. 저는 다른 문화권의 사람들과 우정을 쌓기를 학수고대합니다. ** 항공의 승무원으로서 고객과 동료들의 분위기 메이커가 되고 싶습니다.

핵심어휘

practical
실용적인

supervisor
관리자, 상사

confident
자신감 있는

for sure
확실하게

customer service industry
고객 서비스 산업

motivated
동기부여가 된

fulfilled
성취감을 느끼는

a driving force
원동력

A3. Thanks for the opportunity to introduce myself. I have studied Airline Services and Tourism from ** University. I have come to acquire practical knowledge and service skills in the customer service industry.

저를 소개할 수 있는 기회를 주셔서 감사드립니다. 저는 ** 대학교에서 항공관광을 전공하고 있습니다. 고객 서비스 산업 분야의 실무지식과 서비스 기술을 습득할 수 있었습니다.

While studying, I had various working experiences. I did some part-time jobs as a service provider in a wedding hall, a restaurant, and a coffee shop. I am still working in a coffee shop. Through these experiences, I could cultivate interpersonal and teamwork capabilities. One day, my previous supervisor said to me, "you really stand out, and you have a brilliant service attitude and mindset." His saying was a driving force for me to become motivated, confident and fulfilled about what I was doing. Furthermore, I was given an opportunity to train new employees. At that time, I found that I am really good at communicating with co-workers.

학업과 함께, 저는 다양한 실무 경력을 가지고 있습니다. 저는 서비스인으로서 예식장, 식당, 그리고 커피숍에서 아르바이트를 했습니다. 그리고 커피숍에서는 여전히 일을 하고 있습니다. 이러한 경험을 통해 저는 사교성과 팀워크 능력을 기를 수 있었습니다. 어느 날, 저의 상사가 저에게 "너는 정말 돋보인다. 너는 뛰어난 서비스 자세와 마음가짐을 지녔다"고 말했습니다. 그의 말은 제가 하고 있던 일에 대해 의욕, 자신감, 성취감을 느끼게 하는 원동력이 됐습니다. 더 나아가 신입사원들을 교육하는 기회도 가졌습니다. 당시, 저는 직장동료들과 교류하는데 재능이 있음을 알게 되었습니다.

I would like to devote my developed skills to ** Airlines. I can say for sure that they will be positively regarded by passengers. I cannot wait to show my great performance in serving passengers.

저는 저의 만들어진 능력들을 ** 항공에 기울이고 싶습니다. 저는 제 능력들이 승객들에 의해 높게 평가될 것이라고 확신을 가지고 말할 수 있습니다. 승객을 모시는 데 있어 뛰어난 활약을 할 수 있게 되기를 고대합니다.

Your Answer

3) 직업에 관련된 질문
Job-related Questions

Tip
자신의 직장 경험 중 현재 직업과 관련이 있거나 도움이 될 만한 것을 이야기합니다. 지원하는 곳의 업무와 관련이 없었던 직장이었다면 팀워크나 대인관계에서 배운 점을 이야기할 수 있습니다.

Q1. Why do you want to work here?
왜 이 회사에서 일하고 싶나요?

핵심어휘

reputation
명성

establish ~
~을 확립하다

promising
유망한

knowledgeable
많이 아는

exceptional
매우 우수한

encourage ~
~을 장려하다

further
추가적인

speak highly of ~
~를 극찬하다

A1. ** has a great reputation in the customer service field. It has established a large loyal customer base. I found online that customers speak very highly of **, and now I see a bright and promising future in this company. It has recently won an international award for the best customer service. I have been trained to be a great service provider by studying and working in the customer service field. I really want to use my knowledge and skills for **'s further development.

**는 고객 서비스 부분에서 훌륭한 명성을 지니고 있습니다. 이 회사는 많은 충성스런 고객층을 확립했습니다. 저는 온라인을 통해 고객들이 회사에 대해 극찬하는 것을 확인했으며, 현재 저는 이 회사의 밝고 유망한 미래를 보고 있습니다. 이 회사는 최근에 최고 고객 서비스에 대한 국제적인 상을 수상했습니다. 저는 고객 서비스 분야의 학습과 실무를 통해 훌륭한 서비스인이 되기 위한 훈련이 됐습니다. 제가 가진 지식과 기술을 동원하여 회사의 발전을 위해 이바지하겠습니다.

A2. I have been eager to become a flight attendant for many years. Through university education and training, I have become knowledgable and skillful in dealing with flight passengers. It would be a great honor to work as a flight attendant for one of the most renowned flight service providers.

저는 승무원이 되기를 수년 동안 갈망해 왔습니다. 학교 교육을 통해 기내 승객들을 대할 때 필요한 지식과 기술을 배웠습니다. 최고의 명성을 지닌 항공사 중 하나인 귀사에서 승무원으로 일할 수 있는 것은 큰 영광일 것입니다.

A3. It has been my lifelong dream to work for an international airline that values customers first. ** is the leading international airline that provides passengers with exceptional services. Also, ** has a good reputation for encouraging its employee's career growth and offering advancement opportunities. I really pursue working here now more than anything.

고객을 최우선으로 여기는 국제항공사에서 일하는 것은 제 일생의 꿈이었습니다. **는 고객들에게 뛰어난 서비스를 제공하는 선두에 있는 국제항공사입니다. 또한 **는 직원들의 직업적 성장을 장려하고 승진기회를 제공하는 것으로 평판이 좋습니다. 저는 현재 그 어떠한 일보다 귀사에서 일하기를 정말로 희망합니다.

Q2. Why should we hire you?
왜 당신을 채용해야 하나요?

핵심어휘

quality
품질(명사), 질 좋은(형용사)

qualified
자격요건을 갖춘

attend to ~
~를 처리하다, ~를 돌보다

value
~를 가치있게 여기다

valuable asset
가치 있는 자산

take advantage of ~
~을 이용하다

additionally
추가적으로

interpersonal
사람간의

consecutive
연속적인, 잇따른

embrace ~
~을 포용하다

A1. I must be the prepared person you are looking for. I have dedicated myself to improving practical knowledge and skills in customer service. Through my major in Airline Services and Tourism, I was educated to become a flight attendant. Also, I had a two-year working experience at a department store. During two years, I could cultivate the abilities to deal with customers in sales. Above all, I become able to smile and attend to customers at the same time. Although I am not perfect, I want to say that I am ready to work as a dedicated and attentive flight attendant.

저는 귀사가 찾는 준비된 인재임에 틀림없습니다. 고객 서비스에 대한 실무 지식과 기술을 향상시키는 데 전념했습니다. 우선 항공관광을 전공함으로서 승무원이 되기 위한 교육을 받았습니다. 또한 백화점에서도 2년 동안 일을 하였습니다. 2년 동안 판매과정에서 고객을 다루는 능력을 기를 수 있었습니다. 무엇보다도 웃으면서 동시에 고객을 돌볼 수 있게 됐습니다. 아직은 부족하지만 헌신적이고 주의를 기울이는 승무원으로서 일할 준비가 되어 있다고 말씀드리고 싶습니다.

A2. I have developed the service skills that are compatible with what your company values in terms of customer service. I had a two-year working experience at a restaurant. I worked hard serving food to visitors, and more importantly I didn't forget to smile during the service. Additionally, I built a strong friendship with co-workers when I worked at the restaurant and, it led to successful teamwork. With my excellent interpersonal communication skills, I will be a good addition to your company.

저는 고객서비스와 관련하여 귀사가 가치 있게 여기는 것에 부합하는 서비스 능력을 길러왔습니다. 저는 레스토랑에서 2년 동안 근무한 경험이 있습니다. 저는 고객들에게 음식을 제공하는데 열심히 하였으며 더 중요한 점은 근무 중에 미소를 잃지 않았습니다. 또한 함께 일하던 동료들과도 진한 우정을 쌓을 수 있었는데 이는 성공적인 팀워크로 이어졌습니다. 저의 뛰어난 사람 간 의사소통능력을 바탕으로 귀사에 좋은 인재가 되도록 하겠습니다.

A3. I am an optimistic person. I embrace challenges with a positive attitude, and find a way to deal with them. I am a strong believer that nothing is impossible. During three years of my college life, I was recognized as an honor student for three consecutive years while doing a part-time job on weekends at a restaurant. You should hire me because I will be a valuable asset to your company. If I am chosen to work here, ** company will take advantage of my strengths to the fullest to reach its goal.

저는 긍정적인 사람입니다. 저는 긍정적인 태도로 도전들을 받아들이고, 그 도전들을 처리할 방법을 찾습니다. 저는 불가능 한 일은 없다고 강력히 믿습니다. 대학생활 3년 동안 주말에 한 레스토랑에서 아르바이트를 하면서도 학교에서는 3년 연속 우등생으로 인정받았습니다. 저는 귀사의 가치 있는 자산이 될 것이기에 꼭 저를 고용하셔야 합니다. 만약 제가 여기서 일하도록 선택된다면, **사는 목표에 도달하는데 제가 지닌 강점을 최대한 활용하게 될 것입니다.

Chapter 1. 영어면접 기본질문

Your Answer

Q3. Have you ever been in conflict with your co-worker? If so, how did you deal with the conflict?
직장동료와 갈등을 겪은 적이 있었나요? 있었다면, 그 상황을 어떻게 처리했나요?

핵심어휘

be in conflict with ~
~와 갈등을 겪다

co-worker
직장 동료

colleague
동료

deal with ~
~을 처리하다, 대처하다

cope with ~
~을 대처하다

accept ~
~을 받아들이다

A1. I was uncomfortable with a colleague often being late for work. In the first few times, I didn't say anything about his being late because I thought he had his own reason. But the more frequently he failed to be on time, the more often I had to fill in for him in the morning. The place where I worked was the sandwich shop visited by busy people in the morning, and they often complained about delays. So, I decided to talk to him. I explained as nicely as I could that I went through tough mornings doing the work he was supposed to do. He truly apologized, and the problem was solved.

저는 직장에 종종 지각하는 동료 때문에 힘든 적이 있었습니다. 처음 몇 번은 그는 자신만의 이유가 있을 것이라는 생각에 그가 늦은 것에 대해 저는 어떤 언급도 하지 않았습니다. 하지만 그가 더 자주 제시간에 오지 않자 저는 더 자주 오전에 그의 업무를 대신해야만 했습니다. 제가 일했던 곳은 아침에 바쁜 사람들이 방문하는 샌드위치 가게였으며, 그들은 종종 지연에 대해 불평했습니다. 그래서 저는 그에게 말하기로 마음먹었습니다. 저는 그가 해야 하는 일을 제가 하며 힘든 아침을 겪고 있다는 말을 최대한 상냥하게 설명했습니다. 그는 진심으로 사과했고 문제는 해결됐습니다.

A2. When I come in conflict with my colleague, the first thing I will do is remind myself that he has a different background from mine so that he could think and act in a different way. I will accept him as he is. Second, I won't blame him for what happened. Instead, I will listen to his stance on the issue, and then reveal my side. Lastly, I will try to reduce the gap between us until we embrace each other and get along well again.

동료와 갈등이 생겼을 때, 제가 첫 번째로 할 일은 그는 나와 다른 배경을 가지고 있고 다른 방식으로 사고하고 행동한다는 사실을 스스로에게 상기시키는 것입니다. 저는 그를 그대로 받아들일 것입니다. 두 번째는, 저는 발생한 것에 대해 그를 비난하지 않을 것입니다. 대신, 저는 그 문제에 대한 그의 입장에 귀 기울일 것이고, 그다음 저의 입장을 밝힐 것입니다. 마지막으로 저는 우리가 서로를 포용하고 다시 잘 지낼 때까지 서로의 입장 차이를 좁히려 노력할 것입니다.

Q4. Give me your own definition of good customer service.
좋은 고객 서비스에 대해 정의해 보세요.

핵심어휘

definition
정의

be about ~
~와 관련된 것이다

take care of ~
~를 돌보다

treat ~
~을 대하다, 대접하다

maximize ~
~를 극대화하다

expectation
기대, 예상

A1. In my opinion, good customer service is about making customers fully satisfied and taking care of them in the best way I could. If I am hired, I will do my best to make customers impressed with my service.
　제 생각에 좋은 서비스란 고객을 완전히 만족시키고 제가 할 수 있는 최선의 방법으로 그들 돌보는 것입니다. 제가 채용된다면 저는 고객들이 저의 서비스에 감동을 받을 수 있도록 최선을 다할 것입니다.

A2. To me, good customer service is about treating customers in the same way as I would like to be treated. If I serve as a cabin crew of ** Airlines, I will dedicate myself to maximizing the air travel experience of the passengers.
　제게 좋은 서비스란 제가 대접받고 싶은 똑같은 방식으로 고객을 대하는 것입니다. 제가 ** 항공의 객실승무원으로 일한다면 승객들의 항공 여행 경험을 극대화하는데 전념할 것입니다.

A3. I think that good customer service is about providing professional services beyond the customer's expectation. Most of the customers expect a certain level of service. I want to hear from the customers, "Thank you so much for your kindness" or "Wow, it is more than I expected." So, as a service provider, I will treat customers like members of my family. Then, it is more likely that the customers become the frequent and loyal ones.

저는 좋은 고객 서비스란 고객이 하는 기대 이상의 전문적인 서비스를 제공하는 것이라고 생각합니다. 대부분의 고객들은 어느 특정 수준의 서비스를 기대합니다. 저는 그들로부터 "당신의 친절함에 깊은 감사의 마음을 느낍니다" 혹은 "정말 기대 이상입니다"는 말을 듣고 싶습니다. 그래서 서비스인으로서 저는 고객들을 가족처럼 대하려고 합니다. 그러면 고객들이 충성스런 단골 고객이 될 가능성이 더 높아질 것입니다

Your Answer

Q5. Where do you see yourself in five years?
5년 후 본인의 모습을 얘기해 주시겠어요?

핵심어휘

demonstrate ~
~을 보여주다, 발휘하다, 입증하다

exemplary
모범적인

manager
관리자

dynamic
역동적인

consistent
일관된, 한결같은, 변함없는

duty
의무, 업무

in harmony
조화롭게, 협조하여

manage to V
노력해서 V를 해내다

A1. I will be one of the best employees that demonstrate an outstanding and consistent job performance. Also, I hope to be selected as the most valuable employee of the year at least once in five years. Lastly, I will be recognized as exemplary by fulfilling my own duties and responsibilities and contributing to the development of **.

저는 뛰어나고 일관성 있는 직무 성과를 내는 최고의 직원들 중 한 명이 될 것입니다. 또한 저는 5년 안에 적어도 한번은 올해의 가장 가치 있는 직원으로 선발되기를 희망합니다. 마지막으로 저는 저의 업무와 책임감을 완수하고 **의 발전에 기여하며 모범적인 직원으로서 인정받을 것입니다.

A2. I will become the one who is able to develop within the position that I would take. You will see my consistent and unfailing commitment to the company. I will take dynamic steps towards a supervisor or manager to support and influence new employees. Also, as a supervisor, I will create the friendly working environment where every team member works efficiently in harmony and expects their career growth and advancement opportunities.

제가 맡게 될 직책 안에서 발전할 수 있는 사람이 될 것입니다. 당신은 회사에 대한 지속적이며 변함없는 저의 헌신을 보게 될 것입니다. 저는 신입사원들을 지원하고 영향력을 미칠 수 있는 상사 또는 관리자가 되기 위해 역동적인 발걸음을 취할 것입니다. 또한 상사로서 저는 모든 팀원이 조화롭게 효율적으로 일을 할 수 있고 직업적 성장과 진급을 기대할 수 있는 근무 친화적인 환경을 만들 것입니다.

Your Answer

4) 성격 및 배경과 관련된 질문
Personal Background Questions

Tip
자신의 성격에 대해 대답할 때는 지원하는 곳의 인재상과 비슷한 부분을 부각시켜 이야기하는 것이 좋습니다. 성격적 단점을 이야기 야 하는 경우라면 어떤 노력을 해서 극복했는지를 얘기하면 됩니다.

Q1. What is your strength?
당신의 장점은 무엇입니까?

핵심어휘

strength
장점, 강점

characteristic
특징, 특질

passionate
열정적인

employer
고용주

diligent
근면 성실한

performance evaluation
근무 평가

enthusiastic
열성적인

praise A
A를 칭찬하다

A1. It is one of my strengths that I am really diligent. This characteristic helped me get a good performance evaluation from my previous supervisor. I am always trying my best to work harder than ordinary people do.

저의 장점 중의 하나는 매우 성실하고 부지런하다는 것입니다. 이 성격은 제가 이전 상사로부터 좋은 근무 평가를 받는 데 도움이 됐습니다. 저는 늘 평범한 사람들보다 더 열심히 일하려고 최선을 다합니다.

A2. I am really passionate about what I do. This enthusiastic attitude helped me lead a successful university life. I participated in various club activities as a club leader. I believe that my passion and leadership will contribute to the growth of your company.

저는 제가 하고 있는 것에 대해 매우 열정적입니다. 이 열성적인 태도는 제가 성공적인 대학 생활을 하는 데 도움이 됐습니다. 저는 동아리 리더로서 다양한 동아리 활동에 참여했습니다. 저의 열정과 리더십은 귀사의 성장에 원동력이 될 것이라 믿습니다.

A3. I have a strong professionalism and responsibility. I try my best to complete any assigned task successfully in time. In my previous job, I always arrived at work earlier than the start of office hours and used the saved time to get ready for work. So, my previous employer praised me as a good employee.

저는 강한 직업정신과 책임감을 가지고 있습니다. 주어진 업무를 시간 안에 성공적으로 완수하기 위해 최선을 다합니다. 전에 일을 했을 때, 저는 늘 출근시간보다 빨리 출근하여 일할 준비에 절약된 시간을 사용했습니다. 그래서 과거 고용주는 저를 좋은 직원이라 칭찬했습니다.

Your Answer

Q2. What is your weakness?
당신의 약점은 무엇입니까?

핵심어휘

be obsessed with ~
~에 집착하다

struggle to V
V하려고 애쓰다

devote A to B
A를 B에 전념시키다(바치다)

spend 시간 Ving
V하는데 시간을 사용하다

complete ~
~을 완료하다

detail
세부적인 것

efficiently
효율적으로

club activity
동아리 활동

get to know ~
~을 알게 되다

as ~ (부사) as possible
가능한 ~ 하게

A1. I am a little obsessed with completing tasks perfectly. When I am assigned a task to complete, I tend to look into every detail of the task and struggle to find better ways to finish it as perfectly as possible. Some people sometimes tell me that I waste my time focusing too much on details. I take it seriously and I am trying to use my valuable time efficiently.

저는 과업들을 완벽하게 완수하는데 약간 집착합니다. 완수해야 하는 과업이 제게 부여됐을 때, 저는 과업은 모든 세부사항을 조사하고 가능한 그 과업을 완벽하게 끝내는 더 나은 방법들을 찾는데 노력하는 경향이 있습니다. 어떤 사람들은 가끔 제가 과도하게 세부사항에 집중하는 데 시간을 낭비한다고 제게 말합니다. 저는 이를 심각하게 받아들이고 저의 소중한 시간을 효율적으로 사용하려고 노력합니다.

A2. I don't have much working experience. After graduating last spring, I did only a few part-time jobs. I wanted to devote the university years to studying as well as participating in various club activities.

저는 직장 경험이 많지 않습니다. 이번 봄에 졸업한 저는 단지 몇 개의 아르바이트를 했습니다. 저는 대학 시절에 다양한 동아리 활동에 참여하는 것뿐만 아니라 공부하는 데 전념하고 싶었습니다.

A3. I am a little talkative. I like to talk with people about any personal things. This helps me get to know more about them and build strong friendships. By the way, one day, I realized that I spent too much time talking with coworkers even when I had a lot of works to do. So, now I am trying not to talk too much and focus on my duties more than anything.

저는 조금 수다스러운 편입니다. 저는 사람들과 사적인 것들에 대해 이야기하는 것을 좋아합니다. 이는 제가 그들에 대해 더 많이 알고 끈끈한 우정을 쌓는 데 도움이 됩니다. 그런데 어느 날 제가 해야 할 일이 많았음에도 저는 너무 많은 시간을 동료와 이야기하는 데 사용하고 있다는 사실을 깨달았습니다. 그래서 지금은 말을 너무 많이 하지 않고 그 어떠한 것보다 제 업무에 집중하려 노력하고 있습니다.

Your Answer

Q3. How do you manage your stress?
스트레스 관리는 어떻게 하나요?

핵심어휘

reduce ~
~을 줄이다

journal
일기

be under stress
스트레스를 느끼다

be(become) relieved
완화되다

let out ~
~을 분출시키다

a matter of time
시간문제

A1. I reduce my stress by scribbling out my thoughts. When I write my thoughts and feelings on my journal, I feel my stress becomes relieved. And I listen to classic and jazz music. Badminton and hiking are my favorite sports and good ways to cope with my stress.

저는 제 생각을 적으며 저의 스트레스를 줄입니다. 제가 제 생각과 느낌을 저의 일기장에 적을 때, 저는 스트레스가 완화됨을 느낍니다. 또한 저는 클래식과 재즈 음악을 듣습니다. 배드민턴과 하이킹은 제가 가장 좋아하는 운동이면서 저의 스트레스를 관리하는 좋은 방법들입니다.

A2. When I am under stress, I hang out with my friends. We visit any famous restaurant or any cozy cafe and talk about everything. My friends are good listeners. They are really nice and humorous. It really helps let out my stress to be with my friends.

저는 스트레스를 받으면 친구들과 어울립니다. 우리는 유명한 식당이나 안락한 카페에 가서 모든 이야기를 나눕니다. 제 친구들은 제 말을 잘 들어줍니다. 성격도 좋고 유머감각도 뛰어난 친구들입니다. 친구들과 함께 하는 것은 저의 스트레스를 분출시키는 데 많은 도움이 됩니다.

A3. When I am assigned an important task and I am under stress, I think to myself that everything is a matter of time and I will be able to complete the task successfully in the end. The idea that everything is just a matter of time really helps me deal with my stress. Also, my strong confidence in completing the assigned task gives me new energy to be able to focus on the task without much stress.

제가 중요한 과업을 맡아 스트레스를 받을 때, 저는 모든 것은 시간이 해결해 주며 결국 과업을 성공적으로 완수할 수 있을 거라 스스로 생각합니다. 모든 일이 단지 시간문제라는 생각은 제가 스트레스를 처리하는 데 도움이 됩니다. 또한 제게 부여된 과업을 완수할 수 있다는 저의 강한 자신감은 제게 많은 스트레스 없이 과업에 집중할 수 있게 하는 새로운 에너지를 제공합니다.

Your Answer

Q4. What do you do in your free time?
여가 시간에는 무엇을 합니까?

핵심어휘

free time
자유 시간

feel refreshed
상쾌함을 느끼다

share ~
~을 공유하다

meditation
명상

train ~
~을 단련시키다, 훈련시키다

feel as if ~
~처럼 느끼다

be(become) good at ~
~을 잘하다(잘하게 되다)

share A with B
A를 B와 공유하다

A1. I have done yoga for five years. Through stretching and meditation, I have trained my body and mind. When the weather is fine, I sometimes walk and run with my close friend. After walking and running, I feel refreshed. With the feeling of refreshment, my friend and I go to eat something delicious and have fun.

저는 5년 동안 요가를 해오고 있습니다. 스트레칭과 명상을 통해서 저는 몸과 마음을 단련해 오고 있습니다. 날씨가 좋을 때는, 저는 가끔 친한 친구와 함께 걷거나 달리기를 합니다. 걷고 뛴 후에, 저는 상쾌함을 느낍니다. 그 상쾌함과 함께, 제 친구와 저는 맛있는 것을 먹으러 가고 즐거운 시간을 보냅니다.

A2. I play the piano in my free time. I think the piano is the perfect musical instrument for me. In my free time, I sit on the piano and enjoy practicing and learning new songs. Especially these days, when I practice K-pop songs I feel as if I shared the same space with the star singers.

저는 여가 시간에 피아노를 연주합니다. 피아노는 저에게 완벽한 악기라 생각합니다. 여가 시간에, 저는 피아노에 앉아 새로운 곡들을 연습하고 배웁니다. 특히 요즘, 제가 케이팝송을 연습할 때, 저는 그 스타 가수들과 같은 공간에 있는 것처럼 느낍니다.

A3. I am interested in cooking. So I practice recipes in my free time. When I was young, I used to help my mother in the kitchen and ask what ingredients were used in the delicious food. Also, on weekends, my mother took me to the grocery store and we shopped together. After coming back home, my mother taught me how to cook. As an adult living alone, I become good at cooking. Now, I often invite my family or my friends to enjoy the dishes I made.

저는 요리에 관심이 있습니다. 그래서 저는 시간이 날 때면 요리 만드는 법을 연습합니다. 제가 어렸을 때 저는 부엌에 있는 어머니를 도우며 맛있는 음식에 사용됐던 재료가 무엇인지를 물어보곤 했습니다. 또한 주말마다 저의 어머니는 저를 식료품 가게에 데려가서 함께 장을 보았습니다. 집에 온 뒤에 어머니는 제게 어떻게 요리하지를 가르쳐줬습니다. 혼자 사는 성인으로서 저는 요리를 잘 할 수 있게 됐습니다. 현재 저는 종종 가족 또는 친구들이 제가 만든 음식을 즐기도록 초대합니다.

Your Answer

Q5. Tell me about your family.
가족에 대해 말해주세요.

핵심어휘

upright
곧은

warm-hearted
마음이 따뜻한

the outskirt of the city
교외

strict
엄격한

relative
친척

personality
성격

A1. There are four of us in my family - my parents, my younger sister and me. My father serves as a middle school teacher. To me, he is an upright man and still strict with us. On the other hand, my mother is a warm-hearted but strong person. My younger sister is a university student with a major in English Education. She wants to become an English teacher. On weekends, we usually go hiking to the nearby mountains or search for and visit a famous restaurant.

저의 가족은 4명으로 부모님, 여동생 그리고 저입니다. 아버지는 중학교 교사로 근무합니다. 제게 아버지는 곧은 분이며 여전히 우리에게 엄격합니다. 반면 어머니는 따뜻하시지만 강인한 분입니다. 제 여동생은 영어교육을 전공하는 대학생입니다. 여동생은 영어교사가 되길 원합니다. 주말마다 우리는 보통 주변에 있는 산으로 등산을 가거나 유명한 식당을 찾아 방문합니다.

A2. I am only son of my parents. When I was young, my grand parents and relatives lived close to us. So we all used to get together almost once a week to have dinner at a nearby restaurant or go on a picnic to the outskirt of the city we lived in. Growing up in a big family taught me to get along well with people. So, I want to tell you that I have an outgoing personality and easily adjust myself to new environment.

 저는 외아들입니다. 어린 시절, 조부모님 그리고 친척들과 가까운 곳에서 살았습니다. 그래서 우리 모두는 거의 일주일에 한 번씩은 만나 근처 식당에서 저녁을 먹거나 우리가 사는 도시의 외곽 지역으로 소풍을 가곤 했습니다. 대가족에서 자랐던 것은 제게 사람들과 잘 어울리는 법을 가르쳐주었습니다. 그래서 저는 제가 외향적인 성격을 지녀 새로운 환경에 쉽게 적응할 수 있다고 말하고 싶습니다.

Your Answer

5) 마지막 질문
Closing Question

Tip
마지막으로 질문이 있느냐는 질문에는 반드시 답하는 것이 좋습니다. 회사와 함께 성장하고 싶다는 의지를 보여 주기 위해 승진이나 채용 시 근무 시작일 등 미래 지향적인 질문이 적당합니다. 적극적인 지원자라는 인상을 줄 수 있는 기회이니 잘 활용하시기 바랍니다.

Q1. Do you have any questions for us?
질문 있나요?

핵심어휘

wonder ~ ~에 대해 궁금하다	be promoted to ~ ~로 승진하다
career advancement 승진	typical 전형적인
employment 고용	announce ~ ~를 발표하다

A1. I am wondering how I get the opportunity to be promoted to a higher position.
더 높은 직책으로 승진할 수 있는 기회를 어떻게 얻을 수 있는지가 궁금합니다.

A2. I want to ask a question about the typical path of career advancement in the company.
이 회사에서 승진에 대한 전형적인 방향에 대해 질문하고 싶습니다.

A3. I am wondering when the final decision on the employment is announced and when the newly employed person starts working.
고용에 대한 최종 결과는 언제 발표되는지와 새롭게 고용된 사람은 언제 일을 시작하는지가 궁금합니다.

Chapter 1. 영어면접 기본질문

```
Your Answer

```

Chapter 2. 항공승부원 면접
Job Interview for Flight Attendant

◆ 핵심단어로 마스터하는 항공&호텔 영어면접

1) 승무원의 자질
Qualification Interview Questions

Tip
평소 자신이 생각했던 승무원의 자질에 자신의 성격이 어떻게 부합되는지 설명하면 좋습니다. 학창시절이나 직장에서의 경험을 덧붙인다면 더욱 신빙성 있는 대답이 될 것입니다.

Q1. What is the most essential requirement to serve as a cabin crew?
승무원으로서 가장 필요한 자질이 무엇이라고 생각하나요?

핵심어휘

essential
필수적인

serve as ~
~로서 근무하다

comfort
편안함

safety
안전

maintain ~
~를 유지하다

rely on ~
~에 의존하다

A1. I believe that it is responsibility. All passengers on board rely on cabin crews. Cabin crews should take care of all passengers in every possible way. Most importantly, cabin crews are responsible for maintaining high levels of the passenger comfort and safety. That's why a strong sense of responsibility as a cabin crew should come first.

저는 책임감이라고 생각합니다. 모든 승객들은 승무원들에게 의지합니다. 승무원들은 모든 방법을 동원하여 승객들을 돌봐야 합니다. 가장 중요한 점은 승무원들은 승객들의 편안함과 안전을 높은 수준으로 유지하는데 책임이 있다는 것입니다. 그래서 승무원으로서의 강한 책임감이 우선입니다.

A2. I think that it is physical and mental fitness. A great flight attendant manages to look after many types of passengers and deal with many kinds of situations. This job requires physical and mental fitness. It also makes it possible to maximize the passenger comfort experience and maintain high levels of the passenger safety.

저는 몸과 마음의 건강이라고 생각합니다. 훌륭한 승무원은 다양한 승객들을 돌보고 다양한 상황을 처리해냅니다. 이런 업무는 몸과 마음의 건강을 필요로 합니다. 또한 이는 승객의 편안한 경험을 극대화하고 높은 수준의 승객 안전을 유지할 수 있게 합니다.

A3. Being kind is the flight attendant's first priority. Passengers have their own reasons for travelling, such as vacation, family gatherings and medical surgery. That's why flight attendants should serve the passengers with kindness in order to make them comfortable. Kindness also helps spread positive energy among fellow fight attendants. This can create efficient collaboration that helps the passengers feel more comfortable and safer.

친절함은 승무원의 최우선순위입니다. 승객들은 여행에 대한 휴가, 가족모임, 수술과 같은 그들만의 이유가 있습니다. 그래서 승무원들은 그들을 편안한 상태로 만들기 위해 친절함으로 승객들을 모셔야 합니다. 또한 친절함은 동료승무원에게 긍정적인 에너지를 퍼뜨리는 데 도움이 됩니다. 이는 승객들이 보다 나은 안락함과 안전을 느낄 수 있게 도움이 되는 효율적인 협동을 만들어 낼 수 있습니다.

Your Answer

2) 승무원 지원동기
Reasons to Apply

Tip
비행에 대한 로망이 있다면 솔직하게 얘기하는 것도 좋습니다. 그러나 그것이 전부가 아닌 자신의 재능이나 성격으로 어떻게 항공사의 발전에 기여할 수 있는지를 함께 언급한다면 더욱 설득력 있는 답변을 만들 수 있습니다.

Q1. Why do you want to be a cabin crew?
왜 승무원이 되려고 하나요?

핵심어휘

cabin crew
승무원

background
배경

friendship
우정

airline
항공사

satisfactory
만족감을 주는

serve ~
~를 시중들다

A1. I pursue a colorful lifestyle. To me, it would be exciting to meet people with various backgrounds, build friendships with different co-workers and experience new cultures in person.
저는 다채로운 삶을 추구합니다. 다양한 배경을 지닌 사람들을 만나고 서로 다른 동료들과 우정을 쌓고 직접 새로운 문화를 경험하는 것은 제게 흥미로운 일입니다.

A2. I had a chance to travel with your airline. I was totally satisfied and impressed with the way the flight attendants served my family. It was a great job I would like to do. I will provide passengers with the same satisfactory flight experience and pleasant memories as I received.
저는 귀사의 항공을 이용해 본적이 있습니다. 저는 승무원들이 저의 가족들에게 서비스를 제공하는 방식에 완전히 만족했습니다. 이는 제가 하고 싶은 위대한 일이었습니다. 저는 승객들에게 제가 받았던 것과 같은 만족감을 주는 항공여행 경험과 기분 좋은 기억들을 제공할 것입니다.

A3. I would like to offer the best airline services to passengers and make them impressed. And it would be an exciting challenge to me to please all kinds of passengers from all sorts of different cultures.

저는 최고의 항공 서비스를 승객들에게 제공하고 감동을 주고 싶습니다. 게다가 다양한 문화권에서 온 모든 종류의 승객들을 기쁘게 하는 것은 저에게 흥분되는 도전일 것입니다.

Your Answer

3) 승무원 준비 과정
Things to Prepare for Flight Attendant

Tip

승무원이 되기 위해 준비한 바를 구체적으로 설명하도록 합니다. 학업, 어학, 서비스업 경험 등을 예를 들어 얘기할 수 있습니다. 서비스인으로서의 자질을 갖춘 준비된 승무원이 되기 위해 그동안 노력한 바를 피력할 수 있는 기회입니다.

Q1. What have you done to prepare yourself to become a cabin crew?
승무원이 되기 위해 당신은 무엇을 준비했나요?

핵심어휘

conversational
대화의

well-prepared
준비가 잘된

gain ~
~를 얻다

sign up for ~
~에 등록하다

qualities
자질

work as ~
~로서 일하다

A1. To improve my English, I regularly visited websites such as Youtube for conversational English listening and signed up for an English conversation class from a private English academy. Also, I practiced Yoga three times a week to stay healthy.

영어실력을 향상시키기 위해, 저는 구어체 영어듣기를 위해 유튜브와 같은 웹사이트에 방문했고 영어학원의 영어회화반에 가입했습니다. 또한 저는 건강함을 유지하기 위해 일주일에 3번씩 요가를 했습니다.

A2. I have visited many countries, and I get to know more about different cultures. And I do swimming twice a week to stay fit. I have tried a lot for becoming a better flight attendant. I believe that I am well-prepared to become a cabin crew.

저는 많은 나라들을 방문했었으며 그 결과 저는 다른 문화들에 대해 더 많이 알게 됐습니다. 또한 저는 건강함을 유지하기 위해 일주일에 두 번씩 수영을 하고 있습니다. 저는 더 나은 승무원이 되기 위해 많은 것을 해왔습니다. 저는 승무원이 되는데 준비가 잘돼 있다고 믿습니다.

I majored in Airline Services and Tourism. Through practical courses such as Practical Training of Cabin Crew and Culture and Tourism, I gained essential cabin crew skills and basic qualities that I need to take care of flight passengers. Also during the university years, I worked as a coffee shop waiter on weekends. Keeping my future flight passengers in mind, I displayed a smile and hospitality to every visitor at the coffee shop.

저는 항공관광을 전공했습니다. 'Practical Training of Cabin Crew'와 'Culture and Tourism'과 같은 실무 과정을 통해, 저는 필수적인 승무원 기술과 항공여행 승객들을 돌보는데 필요한 기본적인 자질을 갖췄습니다. 또한 대학시절, 저는 주말마다 커피숍 웨이터로 일했습니다. 저의 미래 항공여행 승객들을 마음에 품고, 저는 그 커피숍에서 모든 방문객들에게 미소와 친절을 보여드렸습니다.

Your Answer

4) 승무원의 장난점
Advantages and Disadvantages of Flight Attendant

Tip
승무원이라는 직업의 장점을 말할 경우 자신이 그 장점과 함께 어떻게 성장할 수 있을지를 함께 얘기하는 것이 좋습니다. 단점을 언급할 때는 투철한 직업정신 혹은 긍정적인 마음가짐으로 어려운 상황을 극복할 수 있을 것임을 어필하도록 합니다.

Q1. What are the advantages of working as a flight attendant?
승무원으로 일하는 장점들은 무엇이라고 생각하나요?

핵심어휘

advantage 장점	**diverse** 다양한
broaden ~ ~을 넓히다	**perspective** 관점
fulfilling 성취감을 주는	**meaningful** 의미 있는

A1. As a flight attendant, I can have more diverse, exciting experiences on board as well as in other different countries. These experiences will be great chances for me to develop myself further and broaden my perspective of the world. So, I am sure that I make a better future out of this job.

승무원으로서 저는 다른 나라에서 뿐만 아니라 기내에서도 보다 다양하고 흥미로운 경험을 할 수 있습니다. 이러한 경험들은 저로 하여금 스스로를 더 성장하게 하고 저의 세계관을 넓힐 수 있는 훌륭한 기회가 될 것입니다. 그래서 저는 이 직업을 통해 더 나은 미래를 만들 수 있을 거라 확신합니다.

A2. There are many advantages of working as a flight attendant. To me, the greatest is that, after performing my duties as a flight attendant, I can visit a lot of new places and interact with new people. I think it would be the greatest reward for my hard work. I am sure it would make my life more fulfilling and meaningful.

승무원으로 일하는 것에는 많은 장점이 있습니다. 저에게 가장 큰 장점은 승무원으로서의 업무를 수행한 후, 제가 수많은 새로운 장소에 방문하고 새로운 사람들과 상호작용할 수 있다는 것입니다. 저는 이것이 제가 열심히 일한 것에 대한 가장 큰 보상일 것이라고 생각합니다. 저는 이것이 저의 삶을 보다 보람차고 의미 있게 만들어줄 것으로 확신합니다.

Your Answer

Q2. What are the disadvantages of working as a flight attendant?
승무원으로 일하는 단점들은 무엇이라고 생각하나요?

핵심어휘

focus on ~
~에 집중하다

keep Ving
계속 V하다

regardless of ~
~관 상관없이

stressful
스트레스를 주는

family gathering
가족 모임

overcome ~
~을 극복하다

irregular
불규칙적인

go through ~
~(어려움)을 겪다

A1. As a cabin crew, I should manage my mind to focus on duties and keep smiling in front of passengers. It might sometimes be stressful to do such things all the time regardless of my personal circumstances. Though, I will always think to myself that I am good at controlling myself and I am born to be a flight attendant.

객실승무원으로서 저는 업무에 집중하고 승객 앞에서 미소를 유지할 수 있도록 마음가짐을 다스려야 합니다. 저의 개인적인 상황과 상관없이 늘 그러한 일들을 해야 한다는 사실이 가끔 스트레스로 다가올 수도 있습니다. 그렇다 할지라도, 저는 스스로를 잘 통제하며 타고난 승무원이라고 늘 스스로 생각할 것입니다.

A2. Cabin crews have irregular work schedules including evenings, weekends, and holidays. So, it is hard to make personal long-term plans and attend special family gatherings. I might sometimes get uncomfortable and disappointed. But, I believe that there is no perfect job in the world. And there is nothing I cannot handle or overcome. Whatever I go through, I will keep moving forward.

승무원은 저녁, 주말 및 휴일을 포함한 불규칙적인 업무 스케줄에 따라 일합니다. 그래서 개인적인 장기 계획을 세우거나 특별한 가족 모임에 참석하는 것이 어렵습니다. 저는 가끔 불편하고 실망스러움을 느낄 수도 있습니다. 하지만 저는 세상에는 완벽한 직업이 없다고 생각합니다. 그리고 제가 다루지 못하거나 극복할 수 없는 것도 없다고 생각합니다. 제가 어떤 일을 겪든 간에 저는 계속 정진할 것입니다.

Your Answer

5) 지원하는 항공사에 대한 질문
Questions about Airline Company You Apply for

Tip
지원하는 항공사의 역사, 취항지, 최근 뉴스, 수상 이력 등과 그에 대한 자신의 의견을 간략히 덧붙여 대답할 수 있습니다. 그 항공사를 이용해 본 적이 있다면 경험담을 덧붙이는 것도 좋은 방법입니다.

Chapter 1. 영어면접 기본질문

Q1. What can you tell me about ** Airlines?
** 항공사에 대해 알고 있는 점을 말씀해 주시겠습니까?

핵심어휘

outstanding
뛰어난

remarkable
주목할 만한

distinguished
성공한

extend ~
~을 확장하다

loyal
충성스런

patron
후원자, 고객

A1. What I've learned about ** Airlines is that it has a long history of providing passengers with outstanding airline services. Also, ** Airlines has made remarkable achievements such as becoming a distinguished airline connecting more than 1,000 cities in 150 countries. I see an obvious, promising future in ** Airlines.

　제가 ** 항공사에 대해 알고 있는 것은 뛰어난 항공 서비스를 승객들에게 제공하는 오래된 역사를 지니고 있다는 것입니다. 또한 ** 항공사는 150개국 1,000개 이상의 도시를 잇는 성공한 항공사로 자리 잡는 등 주목할 만한 성과들을 달성했습니다. 저는 ** 항공사로부터 뚜렷하고 유망한 미래를 봅니다.

A2. ** Airlines has contributed greatly to the development of the airline service industry. Also it is well-known for the high quality of in-flight meal. I am a(n) ** Airlines' loyal patron. What I know about ** Airlines is exceptional services for all passengers.

　** 항공사는 항공 산업의 발전에 많은 기여를 해오고 있습니다. 또한 ** 항공은 기내식이 수준이 매우 높은 것으로도 유명합니다. 저는 ** 항공사의 충성 고객입니다. 제가 ** 항공사에 대해 알고 있는 것은 모든 고객들을 위한 상당히 훌륭한 서비스입니다.

♦ 핵심단어로 마스터하는 항공&호텔 영어면접

Your Answer

6) 다양한 상황에 대한 대처
Questions for Coping Abilities

Tip
비행 중 일어날 수 있는 여러 상황에 대해 의연하게 대처할 수 있다는 자세를 보여주는 것이 중요합니다. 어려운 상황에서도 항상 고객의 입장에서 먼저 생각하겠다는 마음이 답변에 드러날 수 있도록 합니다.

Q1. A passenger doesn't have his preferred meal option. How will you handle this situation?
승객이 그가 원하던 식사 메뉴를 고를 수 없습니다. 어떻게 이 상황을 처리하겠습니까?

핵심어휘

prefer ~
~을 선호하다

option
선택 사항

handle ~
~을 다루다, 처리하다

express ~
~을 표현하다, 보여주다

recommend ~
~을 추천하다

try 음식
음식을 먹다

A1. Asking for the passenger's understanding, I will express a true apology to him. Then, I will recommend the other option by adding why it would be a satisfactory option.

양해를 구하며 그에게 진정한 사과를 표현할 것입니다. 그러고 나서 저는 다른 식사 메뉴를 추천할 것이며 왜 그 메뉴가 만족스러운 메뉴가 될 것인지를 덧붙일 것입니다.

A2. "Sir, I am truly sorry for not offering the meal option you want at the moment. But, the other option would be very delicious and satisfactory. Would you like to try?"

"손님, 현재 손님께서 원하시는 음식 메뉴를 제공하지 못한 것에 대해 진심으로 사과드립니다. 그러나 다른 음식도 정말 맛있고 만족할만한 메뉴입니다. 한번 드셔보시겠습니까?"

Chapter 1. 영어면접 기본질문

Your Answer

Q2. A passenger requires a special meal for vegetarian but the passenger failed to reserve it in advance. What would you say to her?

한 승객이 채식 특별 메뉴를 요구하지만 그 승객은 사전에 그 메뉴를 예약하지 못했습니다. 이 상황에서 당신은 그녀에게 어떻게 이야기 하겠습니까?

핵심어휘

vegetarian 채식주의자	**reserve** 예약하다
in advance 미리, 사전에	**ask for ~** ~을 요청하다
shortly 즉시, 바로	**prepare ~** ~을 준비하다

A1. First of all, I will ask for her understanding about the special meal not being prepared. Then, I will tell her that the vegetarian meal that comes with bread and salad would get prepared shortly for her.

우선 저는 특별 메뉴가 준비되지 못한 것에 대해 그녀의 양해를 구할 것입니다. 그런 다음 그녀에게 빵과 샐러드가 함께 나오는 채식 메뉴를 준비해 드리겠다고 말할 것입니다.

A2. "Ma'am, I am sorry to say that, at the moment, there is no special meal that you asked for. I will provide you with a vegetarian meal that comes with bread and salad. It may take a while to prepare. Thanks for your understanding."

"손님, 죄송합니다만 지금은 손님이 요청하셨던 특별 메뉴가 없습니다. 제가 손님께 빵과 샐러드와 함께 나오는 채식 메뉴를 제공하겠습니다. 준비하는데 시간이 좀 걸립니다. 이해해 주시면 감사하겠습니다."

Chapter 1. 영어면접 기본질문

Your Answer

Q3. would you do if a passenger kept using the mobile phone before taking-off?
한 승객이 이륙하기 전에 계속해서 휴대전화를 사용한다면 당신은 어떻게 하겠습니까?

핵심어휘

taking-off
이륙

landing
착륙

request ~
~을 요청하다

prohibit ~
~을 금지하다

turn off ~
~을 끄다

interfere with ~
~을 방해하다

A1. I will explain to the passenger that the use of the mobile phones creates electromagnetic waves which interfere with radio waves between the aircraft and the control tower, and request him politely not to use the phone.

저는 탑승객에게 휴대전화를 사용하는 것은 항공기와 관제탑 사이의 전파를 방해하는 전자파를 발생시킨다는 사실을 설명한 다음, 그에게 정중하게 휴대폰 사용을 자제해 달라는 요청을 할 것입니다.

A2. "Excuse me, sir, would you please turn off your phone? You are not supposed to use the mobile phone during taking-off and landing in a flight. That's because the use of the mobile phones creates electromagnetic waves which interfere with radio waves between the aircraft and the control tower. Thank you for your cooperation."

"손님 실례지만 휴대전화를 꺼주시겠습니까? 이륙과 착륙 중에는 휴대전화를 사용하실 수 없습니다. 왜냐하면 휴대폰 사용은 전자파를 발생시켜 항공기과 관제탑 사이의 전파를 방해하기 때문입니다. 협조해 주시면 감사하겠습니다."

Chapter 1. 영어면접 기본질문

Your Answer

Q4. What would you do if your passenger complained about delay?

만약 당신의 승객이 비행기 연착에 대해 불평한다면 당신은 어떻게 하겠습니까?

핵심어휘

complain about ~
~에 대해 불평을 하다

delay
지연

announce ~
~을 발표하다

be patient with ~
~에 참을성이 있는

identify ~
~을 규명하다(알아내다)

maintenance check-up
정비 점검

A1. It is hard to expect the passengers to be patient with any delays. Some of the passengers even become angry. So, if any delay occurs on board, I will identify the reason for the delay and inform the passengers of updates by making in-flight announcements. Also, I will offer some beverages to waiting passengers.

승객들에게 연착에 대해 인내심을 기대하는 것은 어려운 일입니다. 몇몇 승객들은 심지어 화를 냅니다. 그래서 만약 탑승 중 연착이 발생한다면, 저는 연착에 대한 이유를 파악한 후, 기내 방송을 통해 최신 정보를 승객들에게 알릴 것입니다. 또한 저는 기다리는 승객들에게 음료를 제공할 것입니다.

A2. "Due to a maintenance issue, our take off is being delayed. As soon as the flight maintenance check-up is over, we are going to take off very shortly. While you are waiting, would you like something to drink? Thank you for your patience and understanding.

"비행기 점검문제로 이륙이 지연되고 있습니다. 점검이 끝나는 대로 바로 이륙할 예정입니다. 기다리시는 동안 마실 것을 가져다 드릴까요? 기다리고 이해해주셔서 감사합니다."

Chapter 1. 영어면접 기본질문

Your Answer

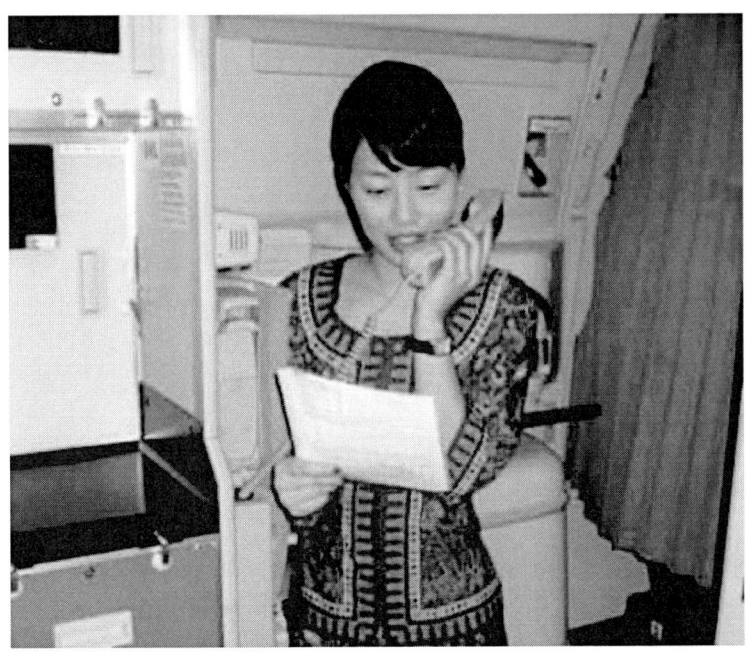

Q5. If you accidentally spilled a drink on a passenger, how would you handle this situation?
만약 당신이 실수로 승객에게 음료를 엎질렀다면 당신은 어떻게 그 상황을 처리하시겠습니까?

핵심어휘

spill A on B
A를 B에 쏟다

burn injury
화상

sincere
진심어린

cause ~
~을 야기시키다

take an emergency measure
비상조치를 취하다

fetch ~
~를 가지고 오다

A1. If it was a hot drink, it could cause burn injuries on the skin. So I will take every emergency measure that I could do. Then, I will express a sincere apology to the passenger, and keep checking if he is okay.

만약 뜨거운 음료였다면 화상을 피부에 화상을 입힐 수도 있습니다. 그래서 저는 바로 제가 할 수 있는 모든 응급처치를 할 것입니다. 다음으로 저는 해당 승객에게 진정한 사과를 표현하고 그의 상태가 괜찮은지를 지속적으로 확인할 것입니다.

A2. "I am terribly sorry. Are you okay? I will fetch a dry towel immediately. If you need anything or feel uncomfortable, please let me know."

"정말 죄송합니다. 다치신 데는 없는지요? 수건을 바로 가져다 드리겠습니다. 만약 필요한 것이 있으시거나 불편하신 곳이 있으면 바로 알려주시기 바랍니다."

Chapter 1. 영어면접 기본질문

Your Answer

Q6. If a drunk passenger kept asking for more drinks, how would you handle this situation?
만약 술 취한 승객이 계속해서 술을 더 달라고 한다면 당신은 이 상황을 어떻게 처리하시겠습니까?

핵심어휘

a drunk passenger
술에 취한 승객

non-alcoholic
비알콜성의

beverage
음료

feel okay
괜찮다

had better V
V 하는 것이 좋을 것이다

during the flight
비행 중에

A1. It might make the passenger upset to say he looks drunk or refuse his request. Instead, I will lead him to slow down the pace of his drinking, or recommend non-alcoholic beverages or snacks.

술에 취해 보인다거나 술 요청을 거절하는 것은 해당 승객을 화나게 할 수도 있습니다. 대신 저는 술을 마시는 속도를 늦출 수 있도록 그를 유도하거나 비알콜성 음료 또는 과자를 추천할 것입니다.

A2. "Sir, how about you take some rest or have some non-alcoholic beverages? If you want to drink more, you had better slow down the pace of your drinking because people get drunk much more easily during the flight."

"손님, 좀 주무시거나 무알콜 음료를 드시는 건 어떠십니까? 만약 더 드시고 싶으시면, 비행 안에서는 술에 더 빨리 취하기 때문에 마시는 속도를 늦추는 편이 더 좋습니다."

Chapter 1. 영어면접 기본질문

Your Answer

Q7. What would you do if a passenger smoked on board?
한 승객이 기내에서 담배를 폈다면 어떻게 하시겠습니까?

핵심어휘

smoke 담배를 피다	**on board** 탑승 중인
strictly 엄격히	**for safety reason** 안전상의 이유로
craving for ~ ~에 대한 갈망(욕구)	**help V** V하는데 도움이 되다

A1. I would advise the passenger not to smoke on board. That's because smoking is strictly prohibited for safety reason. Then I would offer him some refreshments to relieve cravings for smoking. Also, back to my fellow fight attendants, I would inform them of what just happened and have them keep their eyes on him throughout the flight.

저는 승객이 기내에서 흡연하지 않도록 권고하겠습니다. 왜냐하면 안전상의 이유로 흡연은 엄격히 금지되어 있기 때문입니다. 다음으로 저는 그에게 흡연에 대한 욕구를 완화시킬 수 있는 다과를 그에게 제공할 것입니다. 또한 동료 승무원들에게 가서 발생한 일에 대해 알리고 비행 내내 그를 주시할 수 있게끔 하겠습니다.

A2. "Sir, smoking is strictly prohibited for safety reason. Is it okay for me to bring you some snacks and beverages?

"손님, 안전상의 이유로 기내 흡연은 엄격히 금지되어 있습니다. 제가 손님께 다과와 음료를 가져다 드려도 될까요?"

Your Answer

Q8. If one of your passengers wanted your personal phone number, how would you handle this situation?
기내에서 승객이 연락처를 물어본다면 어떻게 하시겠어요?

핵심어휘

politely 공손히	**refuse ~** ~을 거절하다
personal 개인적인	**business card** 명함
company regulations 회사 규정	**customer service center** 고객 서비스 센터

A1. It is good to be liked by passengers, but I would politely refuse his request. That's because a flight attendants and a passenger are not in a personal relationship. I think that it is important to maintain a professional attitude in the workplace.

승객으로부터 호감을 받는 것은 좋은 일이지만 저는 정중하게 거절할 것입니다. 왜냐하면 승객과 승무원은 개인적인 관계가 아니기 때문입니다. 저는 업무를 하는 데 있어서 전문적인 자세를 유지하는 것이 중요하다고 생각합니다.

A2. "I am sorry I couldn't give you my personal phone number due to company regulations. You can give me your business card."

"죄송하지만 제 개인 연락처를 당신에게 주는 것은 규정상 어렵습니다. 당신의 명함을 주시면 받도록 하겠습니다."

Chapter 1. 영어면접 기본질문 ◆

Your Answer

Q9. How would you respond to a passenger who is really angry and complains out loud?
너무 화가 나서 큰소리로 불평하는 승객에게 어떻게 대응하시겠습니까?

핵심어휘

out loud
큰 소리로

calm down ~
~을 진정시키다

inconvenience
불편함

dissatisfaction
불만족

carefully listen to ~
~을 주의깊게 듣다

fix ~
~을 바로잡다

A1. I would do everything to calm the passenger down first, and express sorry for his or her inconvenience and dissatisfaction. Then I would carefully listen to why he or she got upset and try best to find a way to fix the problem.

저는 먼저 승객을 진정시키는 데 최선을 다한 다음 해당 승객의 불편함과 불만족에 대한 사과를 할 것입니다. 그러고 나서 저는 해당 승객이 왜 화가 났는지에 대해 귀를 기울이고 문제를 해결하는 방법을 찾을 수 있도록 최선의 노력을 기울일 것입니다.

A2. "I am terribly sorry for your inconvenience and uneasiness. Please calm down and let me know what the problem is. What can I do for you? I will find a way to make that right immediately."

"손님, 불편과 불쾌감을 느끼셨다면 정말 죄송합니다. 흥분을 가라앉히시고 어떤 점이 문제인지 알려주십시오. 제가 어떤 것을 도와 드리면 될까요? 제가 방법을 찾아서 즉각적으로 바로잡겠습니다."

Chapter 1. 영어면접 기본질문

Your Answer

7) 입사 후 포부
Future Plans after Employment

Tip

입사가 목적이 아닌 시작이라는 인상을 주어야 합니다. 입사 후 자신의 업무적 능력을 어떻게 개발할 것인지를 계획하고 있다는 것을 보여 주어 준비된 인재임을 면접관에게 어필할 수 있습니다.

Q1. What kind of flight attendant would you like to be?
어떤 승무원이 되고 싶습니까?

핵심어휘

place an priority on ~
~에 우선순위를 두다

do one's best
최선을 다하다

greet ~
~에게 인사하다

journey
여행, 여정

excercise ~
~을 발휘하다

in harmony
조화롭게

stop Ving
V하는 것을 멈추다

fellow cabin crew
동료 객실 승무원

A1. I would treat all passengers as my precious and deer guests and place an priority on the passenger safety and comfort. Also, as a flight attendant, I will always try to remain in a perfect state of mind and body to make sure passengers experience a great flight. I will do my best to satisfy all the passengers.

저는 모든 승객들을 귀하고 소중한 손님처럼 대하고 승객의 안전과 안락함에 우선순위를 둘 것입니다. 또한 승무원으로서 저는 승객들이 좋은 항공여행을 경험할 수 있도록 마음과 몸의 완벽한 상태를 유지하려고 늘 노력할 것입니다. 저는 모든 승객들을 만족시키기 위해 최선을 다할 것입니다.

A2. Once I become a flight attendant, I would greet all passengers warmly just like my family members. As soon as the passengers get on board, I will never stop checking if they need any help. I will always be right there to help them have a comfortable journey.

제가 승무원이 된다면 저는 모든 승객들을 저의 가족처럼 대할 것입니다. 승객들이 탑승하는 순간부터 그들이 도움이 필요하지는 않는지를 확인하는데 절대 멈추지 않을 것입니다. 저는 늘 그들이 편안한 여행을 할 수 있도록 도움이 될 것입니다.

A3. I work hard to become the best ** Airline cabin crew of the year. I will exercise excellent cooperation skills and contribute to an efficient working environment where all the fellow cabin crews work in harmony.

   저는 올해의 ** 항공 최고의 승무원이 될 수 있도록 열심히 일할 것입니다. 저는 훌륭한 협동심을 발휘하고 모든 동료 승무원들이 조화롭게 일하는 효율적인 직무 환경을 만드는데 기여할 것입니다.

Your Answer

Chapter 3. 호텔 영어면접
Job Interview for Hotelier

1) 호텔리어의 자질
Qualification for Hotelier

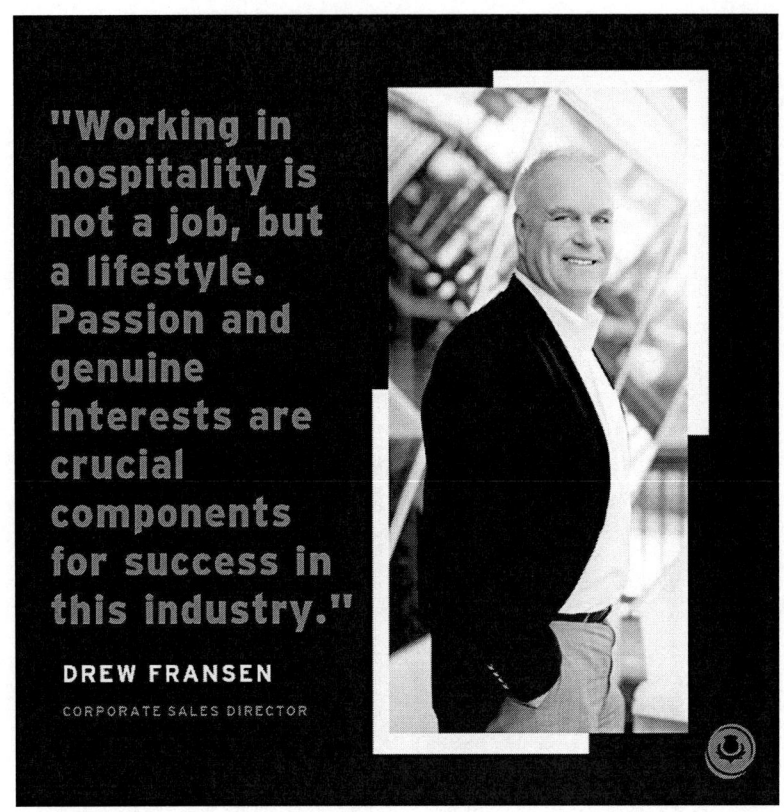

Tip
호텔 영어인터뷰에서는 영어 실력과 함께 서비스나 인성에 대한 기본 개념을 갖추고 있는지를 체크합니다. 서비스 직종이므로 모든 직원들은 일정 수준 이상의 서비스 마인드와 투철한 직업관을 가지고 있어야 합니다.

Q. Tell me about yourself.
본인에 대해 이야기해 주세요.

핵심어휘

friendly
친절한

responsive
바로 대응(반응) 하는

graduate
졸업하다

part-time job
시간제 근무

attentive
주의를 기울이는, 세심한

care for ~
~을 돌보다, ~을 좋아하다

attentive
주의를 기울이는

hotelier
호텔지배인

A. I am graduating this year with a major in Hotel Management. It has been my dream for a long time to become a hotelier. I'm friendly, attentive and responsive. My university friends often say that they feel comfortable and cared for when they are with me. I've had a few working experiences in customer services as part-time jobs. These characters and experiences help me serve as a hotelier.

저는 호텔경영을 전공으로 올해 졸업합니다. 호텔리어가 되는 것은 저의 오랜 꿈이었습니다. 저는 친절하고, 주의를 기울이고, 바로 대응하는 사람입니다. 저의 대학친구들은 종종 그들은 저와 있을 때 편안함과 돌봄을 느낀다고 말합니다. 저는 고객 서비스 분야에서 아르바이트를 한 직무 경험들이 있습니다. 이러한 성격과 경험은 제가 호텔리어로 일하는 데 많은 도움이 될 것입니다.

✦ 핵심단어로 마스터하는 **항공&호텔 영어면접**

Your Answer

Q. Tell me about your working experience.
직장 경험에 대해 이야기해 주세요.

핵심어휘

banquet
연회

enjoy Ving
V하는 것을 즐기다

serve as ~
~의 역할을 하다

tuition
수업료

part-time job
아르바이트

front desk clerk
안내 데스크 직원

earn ~
~ 벌다, ~을 얻다

sincere
진실된

A. I had a part-time job at ** Hotel on weekends for two years. I worked at the banquet hall in the first year and served as a front desk clerk in the second year. At that time, I really liked the job. I enjoyed showing the visitors my sincere kindness. Also, I earned and saved enough money to pay tuition for two years. It was a great two-year experience.

저는 주말마다 ** 호텔에서 2년 동안 아르바이트를 했습니다. 첫해에는 연회장에서 그리고 두 번째 해에는 안내데스크 직원으로 일했습니다. 당시, 저는 그 일을 정말로 좋아하였습니다. 저는 방문객들에게 마음에서 우러나오는 친절을 베푸는 것이 즐거웠습니다. 또한, 2년 동안 학비를 지불할 수 있는 충분한 돈을 벌고 저축할 수 있었습니다. 정말 좋은 2년간의 경험이었습니다.

◆ 핵심단어로 마스터하는 **항공&호텔 영어면접**

Your Answer

Q. What is the most important thing to do as a hotel employee?
호텔 직원으로서 해야 할 가장 중요한 것은 무엇입니까?

핵심어휘

satisfy ~
~을 만족시키다

make sure (that) ~
~을 확실하게 하다

loyal customer
단골고객

memorable
기억할 만한

lead to ~
~로 이어지다, ~의 결과로 이어지다

during stay
머무는 동안

guest
손님, 투숙객

stay
머무름, 방문

A. It is most important to satisfy all the guests in every way. The best services lead to loyal customers. So, as a hotelier, I will make sure that every guest has memorable and satisfying times during their stay.

모든 투숙객을 모든 면에서 만족시키는 것이 가장 중요합니다. 최고의 서비스는 충성스런 고객으로 이어집니다. 그래서 호텔리어로서 저는 모든 투숙객들이 그들이 머무는 동안 기억에 남고 만족스러운 시간을 가질 수 있도록 할 것입니다.

♦ 핵심단어로 마스터하는 **항공&호텔 영어면접**

Your Answer

Q. What do you think the most significant thing to do as a hotel manager is?
호텔 지배인으로서 해야 하는 가장 중요한 일은 무엇이라고 생각합니까?

핵심어휘

hotel manager
호텔 지배인(관리자)

get informed of ~
~에 대해 알게 되다, ~을 숙지하다

significant
특별한 의미가 있는, 중요한

team members
팀원들

memorable
기억될 수 있는

band together
함께 뭉치다

comfortable
편안한, 쾌적한

efficiently
능률적으로

A. The most important thing to do as a hotel manager is to make sure every guest has a comfortable and memorable experience. For this, I will make my team members get informed of what is required to satisfy the guests and band together to work efficiently.

호텔 지배인으로서 해야 하는 가장 중요한 것은 모든 투숙객이 편안하고 기억에 남을 수 있는 경험을 할 수 있도록 하는 것입니다. 이를 위해서 저는 저의 팀원들이 투숙객을 만족시키고 함께 뭉쳐서 효율적으로 일하는데 필요한 것이 무엇인지를 숙지하게 할 것입니다.

♦ 핵심단어로 마스터하는 **항공&호텔 영어면접**

Your Answer

Q. What are your strengths as a hotel manager?
호텔 매니저로서 당신의 강점은 무엇입니까?

핵심어휘

unsatisfying
불만족스럽게 하는

get rid of ~
~을 제거하다

diverse
다양한

complaints
불평사항들

disappoint ~
~을 실망시키다

criticism
비판

right away
곧바로, 즉시

to solve ~
풀다, 해결하다

A. Many diverse people visit us and sometimes complain about anything unsatisfying. I am always trying to find any possible things that might disappoint the visitors. Then I get rid of them right away before they happen. And I am a really good listener to any complaints and criticism. Then, I do my best to solve the problems until the visitors are okay.

많은 다양한 사람들이 우리를 방문하고 가끔씩 불만족스러운 것에 불평합니다. 저는 늘 방문객들을 실망시킬 수 있는 요인들을 찾으려고 노력합니다. 그런 다음 저는 그것들이 발생하기 전에 바로 제거합니다. 또한 저는 모든 불평과 비판에 정말 잘 귀를 기울입니다. 그런 다음 저는 방문객이 만족할 때까지 해당 문제를 해결하는 데 최선을 다합니다.

◆ 핵심단어로 마스터하는 **항공&호텔 영어면접**

Your Answer

2) 호텔리어 지원동기
Reasons to Apply

Tip
면접관이 응시자를 볼 때 가장 높게 평가하는 부분은 지원자의 꿈과 이를 이루기 위한 구체적인 계획을 가지고 있는지의 여부입니다. 호텔리어가 되기 위해 어떤 준비를 했는지 와 어떤 포부를 가지고 있는지를 명확하게 얘기하는 것이 좋습니다.

Q. Why do you want to be a hotelier?
왜 호텔리어가 되려고 하나요?

핵심어휘

dream of ~
~ 라는 꿈을 꾸다

for a long time
오랫동안

That's why ~
그래서 ~ 이다

fulfill + 사람
~에게 성취감을 주다

apply A to B
A를 B에 적용하다

first-rate
최고의

first-rate
최고의

be friendly
호의를 가지다

A. I have dreamed of becoming a hotelier for a long time. That's why I chose Hotel Management as a major. I like meeting new people. It fulfills me to make people happy. So being friendly to people is very important to a hotelier. Being nice is one of my strengths. I want to apply the strength to the job of offering a first-rate customer service in a hotel.

저는 호텔리어가 되는 것을 오랜 시간 꿈꿔 왔습니다. 그래서 호텔경영을 전공으로 선택했습니다. 저는 새로운 사람들을 만나는 것을 좋아합니다. 사람들을 행복하게 하는 것은 저에게 성취감을 느끼게 합니다. 그래서 방문객들에게 친절하게 하는 것은 호텔리어에게 중요합니다. 친절함은 저의 강점 중 하나입니다. 저는 이 강점을 호텔에서 최고의 고객 서비스를 제공하는 일에 적용하고 싶습니다.

Chapter 3. 호텔 영어면접

Your Answer

Q. Tell me why I should hire you.
왜 우리가 당신을 고용해야 하는지 말씀해 주세요.

핵심어휘

practical course 실용 과목	**professional** 전문직 종사자
Hospitality Business 접객 사업	**recognize ~** ~를 인정하다
be prepared to V V하는데 준비되다	**front office** 대고객 부서
be given a chance to V V하는데 기회를 부여받다	**training** 교육

A. I took practical courses in my university such as Front Office Management and Hospitality Business Management. Also, I successfully completed an internship training in ** Hotel. and I was recognized for hard work. I am now prepared to work as a hotel customer service professional. If I am given a chance to work here, I will be a good addition.

저는 대학에서 대고객 부서 관리와 접객 사업 관리와 같은 실용 과목을 이수했습니다. 또한 저는 ** 호텔에서 인턴 훈련과정을 성공적으로 완수했으며 열심히 일했던 것으로 인정받았습니다. 저는 지금 호텔 고객 서비스 전문인으로서 일할 준비가 되어 있습니다. 만약 여기서 일할 수 있는 기회가 주어진다면, 저는 좋은 인재가 될 것입니다.

Chapter 3. 호텔 영어면접

Your Answer

Q. Tell me about ** Hotel.
** 호텔에 대해 말씀해 주십시오.

핵심어휘

do research
조사하다

extraordinary
놀라운

online
온라인에서, 인터넷에서

way
방식

local
지역의, 현지인

interior
내부

lastly
마지막으로

development
발달

A. I did some research about ** Hotel. It has a great reputation among the locals and tourists. Also, most of the guests staying in ** Hotel talk online about extraordinary room services, pleasant interior of the rooms, kindness, and so on. It is offering diverse cultural programs to tourists. Lastly, I like the way ** Hotel contributes to the development of the local culture and tourism.

저는 ** 호텔에 대해 조사했습니다. 이 지역 현지인들과 관광객들 사이에서 평판이 좋습니다. 또한 ** 호텔에 머물었던 대부분의 투숙객들은 온라인에서 놀라운 룸서비스, 쾌적한 객실 내부, 친절함 등에 대한 이야기를 합니다. 마지막으로 저는 ** 호텔이 지역 문화와 관광산업 발전에 기여하는 방식이 좋습니다.

```
Your Answer




















```

Q. Why do you want to work in ** Hotel?
왜 ** 호텔에서 일하고 싶습니까?

핵심어휘

genuine
진짜의, 진품의

standard
기준, 수준

cannot wait to V
V하는 것을 기다리지 못하다

luxury
고급의

pride
자부심

delightful
정말 기분 좋은

deliver ~
~을 전하다

definitely
분명히, 명백히

A. I would really like to work in the genuine luxury international hotel. It would be a challenge to me to work in ** Hotel but I would definitely overcome and make it my great pride to work here. Also, I cannot wait to learn more about international standards and attentive services. I would like to deliver a delightful experience to all the guests staying in ** Hotel.

　저는 정말로 초특급 호텔에서 일하고 싶습니다. ** 호텔에서 일하는 것은 제게 도전일 수 있지만 저는 분명히 극복할 것이며 여기서 일하는 자부심을 느낄 것입니다. 또한 저는 국제적인 수준과 세밀한 서비스에 대해 더 배우고 싶습니다. 저는 ** 호텔에 머무는 모든 투숙객들에게 정말 좋은 경험을 제공하고 싶습니다.

Your Answer

Q. What made you choose to work in hotel services?
호텔 서비스 분야에서 일하고 싶은 이유가 무엇인가요?

핵심어휘

enjoyable
즐거운

be rewarded
보상 받다

feel thrilled
흥분되다, 설레다

display ~
~을 내보이다

feel proud of ~
~에 자랑스러움을 느끼다

It is no doubt that ~
~를 의심치 않는다

hospitality
환대, 접대

gratitude
고마움, 감사

A. During two years of my university, I did a part-time job at ** Hotel. Everything I did there was enjoyable to me, and the days of working in the hotel made me feel proud of myself. Then I wanted to become a hotelier. I don't think I will change my mind. It will make me feel thrilled to provide all the guests with the greatest services and hospitality. If they smile at me as a display of gratitude, I will really feel rewarded. It is no doubt that a job in hotel services is perfect for me.

　대학생활 2년 동안 저는 ** 호텔에서 아르바이트를 하였습니다. 그 곳에서 제가 했던 모든 일은 즐거웠으며 호텔에서 일을 했던 나날들은 저 스스로에 대해 자랑스러움을 느낄 수 있게 했습니다. 그때 저는 호텔리어가 되고 싶었습니다. 저는 제 마음이 변할 것이라 생각하지 않습니다. 모든 투숙객들에게 최상의 서비스와 환대를 제공하는 것은 저를 설레게 할 것입니다. 만약 그들이 감사의 표현으로 저에게 미소 짓는다면 저는 보상받는 기분이 들것입니다. 호텔 서비스직은 제게 최고의 직업일거라 의심치 않습니다.

Chapter 3. 호텔 영어면접

Your Answer

Q. What was your pleasant working experience when you worked as a hotel manager?
호텔 매니저로 일하며 좋았던 경험은 무엇이었나요?

핵심어휘

supervise ~
~를 관리하다

motivate A to V
A가 V하도록 동기를 부여하다

hygiene
위생

appearance
용모

maintain
유지하다

deeply
깊이

in collaboration
협력하여

efficiently
능률적으로

A. One of the most memorable duties at ** Hotel was to manage and supervise my team members to provide all the customers with prompt and attentive service. Also, I was trying to motivate them to maintain high standards of their personal hygiene and appearance. Plus, I helped them get to understand one another more deeply and work in collaboration more efficiently.

** 호텔에서 가장 기억에 남는 업무 중 하나는 모든 고객들에게 신속하고 세심한 서비스를 제공할 수 있도록 저의 팀원들을 관리 및 감독하는 것이었습니다. 또한 저는 그들에게 개인적 위생과 용모에 대한 높은 수준을 유지할 수 있도록 동기를 부여하기 위해 노력했습니다. 또한 저는 그들이 서로에 대해 이해하고 협력하여 보다 효율적으로 일할 수 있게끔 도왔습니다.

Your Answer

Q. What do you think is difficult about working in a hotel?
호텔에서 일하는 것의 어려운 점은 무엇이라고 생각하나요?

핵심어휘

misunderstanding 오해	**in this respect** 이런 점에서
ensure that ~ ~를 확실하게 하다	**prejudice** 편견
in order to ~ ~하기 위하여	**ensure ~** ~을 보장하다
overcome ~ ~을 극복하다	**careful about ~** ~에 주의하는

A. I make a true effort to best serve many guests from different cultures. But because of the lack of understanding of culture and diversity, misunderstanding occasionally happens between me and guests. In this respect, I should try to keep track of diverse cultures in order to ensure that guests have the best experience. When serving guests, I will overcome my cultural prejudice by being careful about different cultures.

저는 다양한 문화권의 많은 손님들을 최고로 모시기 위해 진정한 노력을 기울입니다. 그러나 문화와 다양성에 대한 이해 부족으로 인해 가끔 저와 투숙객 사이의 오해가 발생합니다. 이러한 점에서, 저는 모든 투숙객들이 최고의 경험을 할 수 있도록 하기 위해 다양한 문화를 끊임없이 배우려고 노력합니다. 투숙객을 모실 때, 저는 다양한 문화들에 대해 주의를 기울이며 저의 문화적 편견을 극복하려고 합니다.

Chapter 3. 호텔 영어면접

Your Answer

3) 다양한 상황에 대한 대처
Questions for Coping Abilities

Tip
호텔리어의 화려한 겉모습을 동경하기보다는 내면의 아름다움을 갖춘 사람이 되기 위해 준비해왔다는 것을 어필하시기 바랍니다. 기초 실무에 대한 배경지식과 업무적 경험들을 예를 들어 다양한 상황에 맞게 대답할 수 있습니다.

Q. How would you deal with difficult guests?
까다로운 고객에 어떻게 대처할 수 있을까요?

핵심어휘

difficult guest
까다로운 투숙객

care for ~
~를 돌보다

point of view
관점, 견해

be quick to V
신속히 V 하다

concern
문제 상황, 관심사

be quick to V
V를 신속하게 하다

discuss ~
~에 대해 상의하다

be careful about ~
~에 주의하는

A. First, I would listen until the difficult guest finishes talking. It is important that he knows his concerns are being heard. Second, I would make sure that they feel cared for by me. To do this, I would see things from his point of view and discuss what I can do for him. Lastly, I would be quick to offer him a solution.

첫째, 저는 까다로운 투숙객이 이야기를 마칠 때 까지 귀 기울여 듣겠습니다. 그의 불만에 제가 귀 기울이고 있다는 것을 그가 아는 것은 중요합니다. 둘째, 저는 그들이 저에 의해 보살핌 받고 있다고 느낄 수 있도록 할 것입니다. 이를 해내기 위해, 저는 상황을 그의 관점에서 살펴볼 것이며 그를 위해 무엇을 할 수 있는지에 대해 논의할 것입니다. 마지막으로, 저는 그에게 해결책을 신속하게 제공할 것입니다.

♦ 핵심단어로 마스터하는 **항공&호텔 영어면접**

Your Answer

4) 입사 후 포부
Future Plans after Employment

Tip
자신이 어떤 비전이 있는 사람인지를 보여주는 것이 중요합니다. 호텔업계에서의 커리어 적 목표와 함께 자신이 리더가 갖추어야 할 자질을 가지고 있는 사람임을 간략하게 설명합니다. 또한 어려운 일이 생겨도 극복할 수 있는 저력이 있음을 어필하도록 합니다.

Q. Where do you see yourself in 10 years?
10년 뒤면 당신은 어떤 사람이 되어 있을 것이라고 생각합니까?

핵심어휘

loyalty
충실, 충성

integrity
도덕적 원칙에 진실함(굳건함)

organization
단체, 회사

have a command of ~
~을 구사하다

cease to V
V 하는 것을 멈추다

in charge of ~
~ 을 맡아서

encourage A to V
A로 하여금 V하도록 독려하다

enhance ~
~을 강화시키다

A. I feel thrilled about having a future here. For the next ten years, I will be recognized for my loyalty, integrity and hard work within this organization. I will never cease to learn more and train myself to become a better professional who has a good command of English and offers customers the best services. I will be a manager in charge of a service team. I will encourage my team members to collaborate efficiently by enhancing their strengths and making up for their weaknesses.

여기서 미래를 생각한다니 설렙니다. 앞으로 10년 동안 저는 충실함, 진실함, 근면함으로 인정받을 것입니다. 저는 영어를 잘하고 고객들에게 최고의 서비스를 제공하는 더 나은 전문인이 되기 위해 더 많이 배우고 스스로를 단련하는 것을 절대 멈추지 않을 것입니다. 저는 서비스팀을 책임지는 관리자가 될 것입니다. 저는 저의 팀 구성원이 그들의 강점들을 살리고 그들의 약점들을 보완하며 효율적으로 협력할 수 있도록 독려할 것입니다.

Your Answer

Q. Is it possible for you to work extra hours as well as night shift?

당신은 야간근무뿐만 아니라 초과근무도 할 수 있습니까?

핵심어휘

work extra hours
초과근무를 하다

work night shift
야간근무를 하다

as well as ~
~ 뿐만 아니라

look back upon ~
~를 되돌아 보다

opportunity
기회

uncomfortable
불편한

be chosen to V
V 하도록 선택되다

priority
우선 사항

A. I clearly understand the working schedule in a hotel is not fixed. So, I have no problem with working extra hours or night shift. Looking back upon the times of doing a part-time job in a hotel, I usually worked during the day. Sometimes I was asked to work extra hours or nigh shift. I didn't feel uncomfortable at all. I took it as opportunities to learn more about working in a hotel. When I am chosen to work for ** Hotel, my priority will be on ** Hotel.

저는 호텔의 근무 일정이 고정되어 있지 않다는 사실을 분명히 알고 있습니다. 그래서 저는 초과근무나 야간근무에 대해 아무렇지도 않습니다. 한 호텔에서 아르바이트를 했었던 때를 되돌아보면 저는 주로 주간에 일을 했었습니다. 가끔 초과근무나 야간근무 요청을 받았습니다. 저는 전혀 불편한 마음이 들지 않았습니다. 저는 이를 호텔에서 일하는 것에 대해 더 많이 배울 수 있는 기회로 받아들였습니다. 제가 ** 호텔에서 일하게 된다면 저의 우선순위는 ** 호텔일 것입니다.

Chapter 3. 호텔 영어면접

Your Answer

Q. Have you ever considered working in another city or abroad?
다른 도시나 해외에서 일하는 것을 생각해 본 적이 있나요?

핵심어휘

Have you ever PP ~
당신은 ~ 해 본적이 있습니까?

absorb ~
~를 흡수하다

circumstance
환경, 상황

employee
종업원, 직원

open-mined
열린 마음의

get used to ~
~에 익숙해지다

get along well with~
~와 잘 지내다

be ready to V
V할 준비가 되어있는

A. Yes, I have. To me, what I do as a job is more important than where I work. What I really want to do is to serve as a hotelier. Also, a new place comes with a new culture. I am open-mined so that I can absorb new things quickly and easily. So I think that I get used to new circumstances and get along well with new employees. I am ready to work anywhere once I am a hotelier.

네 그렇습니다. 제게 있어 어디에서 일하느냐 보다는 무슨 일을 하느냐가 더 중요합니다. 제가 정말로 하고 싶은 것은 호텔리어로 근무하는 것입니다. 또한 새로운 장소에는 새로운 문화가 있습니다. 저는 열린 마음을 가지고 있어 새로운 것들을 빠르고 쉽게 배울 수 있습니다. 그래서 저는 새로운 환경에 익숙해지고 새로운 직원들과 잘 지낼 수 있다고 생각합니다. 제가 호텔리어가 된다면 저는 어디서든 일할 준비가 되어 있습니다.

Your Answer

에듀컨텐츠·휴피아
CH Educontents·Huepia

[부록] 선배들이 알려주는 영어 면접법
Appendices - Cabin Crew English Interview Tips

◆ 핵심단어로 마스터하는 **항공&호텔 영어면접**

Cabin Crew English Interview Tips

김미성 (前) Emirates Airlines, KLM Royal Dutch Airlines

"항공사 면접관 중에는 현직승무원도 많아요.
같이 일하고 싶은 동료의 모습을 보여주세요.

맡은 일을 잘 해내고 동료를 도우며 거기에
유머감각까지 겸비한다면 즐거운 환경에서 함께
일 할 수 있는 동료로 어필될 수 있을 거예요.

정중함속에서 빛나는 재치와 유머감각은
면접관의 마음을 움직인답니다."

Cabin Crew English Interview Tips

전미라 (前) Singapore Airlines

Just be yourself..
"가장 자연스럽게 자신을 표현했을 때 면접관에게도
진심이 전해질 것입니다. 누구를 흉내 내는 것이 아닌
자신을 믿고 존중하는 목소리에는 힘이 있습니다.
호감 가는 말투와 표정으로 자신만의 목소리를
만들어보세요.

본인만의 스토리텔링으로 차별화된 내용을 당당한
미소와 진심을 담아 표현한다면 여러분이 원하는 꿈을
이룰 수 있어요!! 꿈을 이룰 때까지
Don't give up~"

Cabin Crew English Interview Tips

이소라 (前) Etihad Airways

"영어인터뷰는 끊임없는 연습이 중요합니다.
우리는 네이티브 스피커가 아닙니다.
처음 시작할 때는 기본 공통질문에 대해서
머릿속으로 구상을 하고 답변을 정리해보세요.
이것을 외우는 것이 아닌 면접장에서 대화를 하듯
계속 말하는 연습을 해야 할 것입니다.
이것이 합격의 지름길입니다."

[부록] 선배들이 알려주는 영어 면접법

Cabin Crew English Interview Tips

안진영 (前) Etihad Airways

"제가 생각하는 영어 인터뷰는 편안함인 것 같아요.
내가 편하고 자연스러워야 묻는 상대방도
어색함이 없고 그러면서 대화하듯,
물 흐르듯 이야기가 연결되거든요.

면접관도 사람이기 때문에 면접이라는 딱딱하고
부담스러운 시간이 아닌 친구들 만나 대화하듯이
편하게 얘기를 주고받으면서 공감하는 게 중요하기
때문이죠. 면접관이 내 얘기에 공감하고 호응해준다고
느끼는 순간 아~됐구나! 라고 확신이 들게
되더라고요!!!^^"

◆ 핵심단어로 마스터하는 **항공&호텔 영어면접**

Cabin Crew English Interview Tips

정지혜 (前) Etihad Airways

성공적인 인터뷰이(interviewee)가 되기 위해서는
자신의 약점을 알아야 합니다. 거울을 보면서
연습하는 것보다는 매일 셀프 동영상을 찍는 것을
추천해요. 자신의 상태를 객관적으로 볼 수 있는 좋은
도구랍니다! 부족한 점은 개선하고 장점은 유지하는
여러분들이 되시기를 바랍니다!

Cabin Crew English Interview Tips

김태진 (前) KLM Royal Dutch Airlines

"영어 인터뷰는 무엇보다 자신감 있는 모습과
자기 자신의 솔직한 모습이 가장 중요해요.
오픈 마인드와 적극적인 자세는 기본이겠죠?"

Go for it!

♦ 핵심단어로 마스터하는 **항공&호텔 영어면접**

Your Journey Starts Here!